BRIDAL SHOWER FOR

DATE

Copyright © 2019 Cutie Pie Press

GUEST NAME

ADVICE FOR THE WEDDING DAY   ADVICE FOR A HAPPY MARRIAGE

GUEST NAME

ADVICE FOR THE WEDDING DAY   ADVICE FOR A HAPPY MARRIAGE

GUEST NAME

ADVICE FOR THE WEDDING DAY

ADVICE FOR A HAPPY MARRIAGE

GUEST NAME

ADVICE FOR THE WEDDING DAY

ADVICE FOR A HAPPY MARRIAGE

GUEST NAME

ADVICE FOR THE WEDDING DAY

ADVICE FOR A HAPPY MARRIAGE

GUEST NAME

ADVICE FOR THE WEDDING DAY

ADVICE FOR A HAPPY MARRIAGE

GUEST NAME

ADVICE FOR THE WEDDING DAY

ADVICE FOR A HAPPY MARRIAGE

GUEST NAME

ADVICE FOR THE WEDDING DAY

ADVICE FOR A HAPPY MARRIAGE

GUEST NAME

ADVICE FOR THE WEDDING DAY

ADVICE FOR A HAPPY MARRIAGE

GUEST NAME

ADVICE FOR THE WEDDING DAY

ADVICE FOR A HAPPY MARRIAGE

GUEST NAME

ADVICE FOR THE WEDDING DAY

ADVICE FOR A HAPPY MARRIAGE

GUEST NAME

ADVICE FOR THE WEDDING DAY

ADVICE FOR A HAPPY MARRIAGE

GUEST NAME

_____

ADVICE FOR THE WEDDING DAY   ADVICE FOR A HAPPY MARRIAGE

_____   _____
_____   _____
_____   _____
_____   _____
_____   _____
_____   _____
_____   _____

GUEST NAME

_____

ADVICE FOR THE WEDDING DAY   ADVICE FOR A HAPPY MARRIAGE

_____   _____
_____   _____
_____   _____
_____   _____
_____   _____
_____   _____
_____   _____

GUEST NAME

ADVICE FOR THE WEDDING DAY ADVICE FOR A HAPPY MARRIAGE

GUEST NAME

ADVICE FOR THE WEDDING DAY ADVICE FOR A HAPPY MARRIAGE

GUEST NAME

ADVICE FOR THE WEDDING DAY

ADVICE FOR A HAPPY MARRIAGE

GUEST NAME

ADVICE FOR THE WEDDING DAY

ADVICE FOR A HAPPY MARRIAGE

GUEST NAME

ADVICE FOR THE WEDDING DAY   ADVICE FOR A HAPPY MARRIAGE

GUEST NAME

ADVICE FOR THE WEDDING DAY   ADVICE FOR A HAPPY MARRIAGE

GUEST NAME

ADVICE FOR THE WEDDING DAY ADVICE FOR A HAPPY MARRIAGE

GUEST NAME

ADVICE FOR THE WEDDING DAY ADVICE FOR A HAPPY MARRIAGE

GUEST NAME

ADVICE FOR THE WEDDING DAY

ADVICE FOR A HAPPY MARRIAGE

GUEST NAME

ADVICE FOR THE WEDDING DAY

ADVICE FOR A HAPPY MARRIAGE

GUEST NAME

ADVICE FOR THE WEDDING DAY   ADVICE FOR A HAPPY MARRIAGE

GUEST NAME

ADVICE FOR THE WEDDING DAY   ADVICE FOR A HAPPY MARRIAGE

GUEST NAME

ADVICE FOR THE WEDDING DAY

ADVICE FOR A HAPPY MARRIAGE

GUEST NAME

ADVICE FOR THE WEDDING DAY

ADVICE FOR A HAPPY MARRIAGE

GUEST NAME

ADVICE FOR THE WEDDING DAY

ADVICE FOR A HAPPY MARRIAGE

GUEST NAME

ADVICE FOR THE WEDDING DAY

ADVICE FOR A HAPPY MARRIAGE

GUEST NAME

ADVICE FOR THE WEDDING DAY

ADVICE FOR A HAPPY MARRIAGE

GUEST NAME

ADVICE FOR THE WEDDING DAY

ADVICE FOR A HAPPY MARRIAGE

GUEST NAME

_____

ADVICE FOR THE WEDDING DAY   ADVICE FOR A HAPPY MARRIAGE

GUEST NAME

_____

ADVICE FOR THE WEDDING DAY   ADVICE FOR A HAPPY MARRIAGE

GUEST NAME

ADVICE FOR THE WEDDING DAY

ADVICE FOR A HAPPY MARRIAGE

GUEST NAME

ADVICE FOR THE WEDDING DAY

ADVICE FOR A HAPPY MARRIAGE

GUEST NAME

ADVICE FOR THE WEDDING DAY

ADVICE FOR A HAPPY MARRIAGE

GUEST NAME

ADVICE FOR THE WEDDING DAY

ADVICE FOR A HAPPY MARRIAGE

GUEST NAME

ADVICE FOR THE WEDDING DAY

ADVICE FOR A HAPPY MARRIAGE

GUEST NAME

ADVICE FOR THE WEDDING DAY

ADVICE FOR A HAPPY MARRIAGE

GUEST NAME

ADVICE FOR THE WEDDING DAY | ADVICE FOR A HAPPY MARRIAGE

GUEST NAME

ADVICE FOR THE WEDDING DAY | ADVICE FOR A HAPPY MARRIAGE

GUEST NAME

ADVICE FOR THE WEDDING DAY

ADVICE FOR A HAPPY MARRIAGE

GUEST NAME

ADVICE FOR THE WEDDING DAY

ADVICE FOR A HAPPY MARRIAGE

GUEST NAME

ADVICE FOR THE WEDDING DAY

ADVICE FOR A HAPPY MARRIAGE

GUEST NAME

ADVICE FOR THE WEDDING DAY

ADVICE FOR A HAPPY MARRIAGE

GUEST NAME

ADVICE FOR THE WEDDING DAY

ADVICE FOR A HAPPY MARRIAGE

GUEST NAME

ADVICE FOR THE WEDDING DAY

ADVICE FOR A HAPPY MARRIAGE

GUEST NAME

ADVICE FOR THE WEDDING DAY

ADVICE FOR A HAPPY MARRIAGE

GUEST NAME

ADVICE FOR THE WEDDING DAY

ADVICE FOR A HAPPY MARRIAGE

GUEST NAME

ADVICE FOR THE WEDDING DAY

ADVICE FOR A HAPPY MARRIAGE

GUEST NAME

ADVICE FOR THE WEDDING DAY

ADVICE FOR A HAPPY MARRIAGE

GUEST NAME

ADVICE FOR THE WEDDING DAY   ADVICE FOR A HAPPY MARRIAGE

GUEST NAME

ADVICE FOR THE WEDDING DAY   ADVICE FOR A HAPPY MARRIAGE

GUEST NAME

ADVICE FOR THE WEDDING DAY

ADVICE FOR A HAPPY MARRIAGE

GUEST NAME

ADVICE FOR THE WEDDING DAY

ADVICE FOR A HAPPY MARRIAGE

GUEST NAME

_____

ADVICE FOR THE WEDDING DAY   ADVICE FOR A HAPPY MARRIAGE

GUEST NAME

_____

ADVICE FOR THE WEDDING DAY   ADVICE FOR A HAPPY MARRIAGE

GUEST NAME

ADVICE FOR THE WEDDING DAY   ADVICE FOR A HAPPY MARRIAGE

GUEST NAME

ADVICE FOR THE WEDDING DAY   ADVICE FOR A HAPPY MARRIAGE

GUEST NAME

_____

ADVICE FOR THE WEDDING DAY   ADVICE FOR A HAPPY MARRIAGE

_____   _____
_____   _____
_____   _____
_____   _____
_____   _____
_____   _____
_____   _____

GUEST NAME

_____

ADVICE FOR THE WEDDING DAY   ADVICE FOR A HAPPY MARRIAGE

_____   _____
_____   _____
_____   _____
_____   _____
_____   _____
_____   _____
_____   _____

GUEST NAME

_____

ADVICE FOR THE WEDDING DAY   ADVICE FOR A HAPPY MARRIAGE

_____   _____
_____   _____
_____   _____
_____   _____
_____   _____
_____   _____
_____   _____

GUEST NAME

_____

ADVICE FOR THE WEDDING DAY   ADVICE FOR A HAPPY MARRIAGE

_____   _____
_____   _____
_____   _____
_____   _____
_____   _____
_____   _____
_____   _____

GUEST NAME

_____

ADVICE FOR THE WEDDING DAY   ADVICE FOR A HAPPY MARRIAGE

_____   _____
_____   _____
_____   _____
_____   _____
_____   _____
_____   _____
_____   _____

GUEST NAME

_____

ADVICE FOR THE WEDDING DAY   ADVICE FOR A HAPPY MARRIAGE

_____   _____
_____   _____
_____   _____
_____   _____
_____   _____
_____   _____
_____   _____

GUEST NAME

ADVICE FOR THE WEDDING DAY   ADVICE FOR A HAPPY MARRIAGE

GUEST NAME

ADVICE FOR THE WEDDING DAY   ADVICE FOR A HAPPY MARRIAGE

GUEST NAME

ADVICE FOR THE WEDDING DAY

ADVICE FOR A HAPPY MARRIAGE

GUEST NAME

ADVICE FOR THE WEDDING DAY

ADVICE FOR A HAPPY MARRIAGE

GUEST NAME

_____

ADVICE FOR THE WEDDING DAY   ADVICE FOR A HAPPY MARRIAGE

_____   _____
_____   _____
_____   _____
_____   _____
_____   _____
_____   _____
_____   _____

GUEST NAME

_____

ADVICE FOR THE WEDDING DAY   ADVICE FOR A HAPPY MARRIAGE

_____   _____
_____   _____
_____   _____
_____   _____
_____   _____
_____   _____
_____   _____

GUEST NAME

ADVICE FOR THE WEDDING DAY

ADVICE FOR A HAPPY MARRIAGE

GUEST NAME

ADVICE FOR THE WEDDING DAY

ADVICE FOR A HAPPY MARRIAGE

GUEST NAME

ADVICE FOR THE WEDDING DAY	ADVICE FOR A HAPPY MARRIAGE

GUEST NAME

ADVICE FOR THE WEDDING DAY	ADVICE FOR A HAPPY MARRIAGE

GUEST NAME

_____

ADVICE FOR THE WEDDING DAY   ADVICE FOR A HAPPY MARRIAGE

_____   _____
_____   _____
_____   _____
_____   _____
_____   _____
_____   _____
_____   _____

GUEST NAME

_____

ADVICE FOR THE WEDDING DAY   ADVICE FOR A HAPPY MARRIAGE

_____   _____
_____   _____
_____   _____
_____   _____
_____   _____
_____   _____
_____   _____

GUEST NAME

ADVICE FOR THE WEDDING DAY   ADVICE FOR A HAPPY MARRIAGE

GUEST NAME

ADVICE FOR THE WEDDING DAY   ADVICE FOR A HAPPY MARRIAGE

GUEST NAME

_____

ADVICE FOR THE WEDDING DAY   ADVICE FOR A HAPPY MARRIAGE

_____   _____
_____   _____
_____   _____
_____   _____
_____   _____
_____   _____
_____   _____

GUEST NAME

_____

ADVICE FOR THE WEDDING DAY   ADVICE FOR A HAPPY MARRIAGE

_____   _____
_____   _____
_____   _____
_____   _____
_____   _____
_____   _____
_____   _____

GUEST NAME

_____

ADVICE FOR THE WEDDING DAY   ADVICE FOR A HAPPY MARRIAGE

_____   _____
_____   _____
_____   _____
_____   _____
_____   _____
_____   _____
_____   _____

GUEST NAME

_____

ADVICE FOR THE WEDDING DAY   ADVICE FOR A HAPPY MARRIAGE

_____   _____
_____   _____
_____   _____
_____   _____
_____   _____
_____   _____
_____   _____

GUEST NAME

ADVICE FOR THE WEDDING DAY

ADVICE FOR A HAPPY MARRIAGE

GUEST NAME

ADVICE FOR THE WEDDING DAY

ADVICE FOR A HAPPY MARRIAGE

GUEST NAME

ADVICE FOR THE WEDDING DAY

ADVICE FOR A HAPPY MARRIAGE

GUEST NAME

ADVICE FOR THE WEDDING DAY

ADVICE FOR A HAPPY MARRIAGE

GUEST NAME

_____

ADVICE FOR THE WEDDING DAY   ADVICE FOR A HAPPY MARRIAGE

_____   _____
_____   _____
_____   _____
_____   _____
_____   _____
_____   _____
_____   _____

GUEST NAME

_____

ADVICE FOR THE WEDDING DAY   ADVICE FOR A HAPPY MARRIAGE

_____   _____
_____   _____
_____   _____
_____   _____
_____   _____
_____   _____
_____   _____

GUEST NAME

ADVICE FOR THE WEDDING DAY

ADVICE FOR A HAPPY MARRIAGE

GUEST NAME

ADVICE FOR THE WEDDING DAY

ADVICE FOR A HAPPY MARRIAGE

GUEST NAME

ADVICE FOR THE WEDDING DAY

ADVICE FOR A HAPPY MARRIAGE

GUEST NAME

ADVICE FOR THE WEDDING DAY

ADVICE FOR A HAPPY MARRIAGE

GUEST NAME

ADVICE FOR THE WEDDING DAY

ADVICE FOR A HAPPY MARRIAGE

GUEST NAME

ADVICE FOR THE WEDDING DAY

ADVICE FOR A HAPPY MARRIAGE

GUEST NAME

ADVICE FOR THE WEDDING DAY

ADVICE FOR A HAPPY MARRIAGE

GUEST NAME

ADVICE FOR THE WEDDING DAY

ADVICE FOR A HAPPY MARRIAGE

GUEST NAME

ADVICE FOR THE WEDDING DAY

ADVICE FOR A HAPPY MARRIAGE

GUEST NAME

ADVICE FOR THE WEDDING DAY

ADVICE FOR A HAPPY MARRIAGE

GUEST NAME

ADVICE FOR THE WEDDING DAY

ADVICE FOR A HAPPY MARRIAGE

GUEST NAME

ADVICE FOR THE WEDDING DAY

ADVICE FOR A HAPPY MARRIAGE

GUEST NAME

ADVICE FOR THE WEDDING DAY					ADVICE FOR A HAPPY MARRIAGE

GUEST NAME

ADVICE FOR THE WEDDING DAY					ADVICE FOR A HAPPY MARRIAGE

GUEST NAME

ADVICE FOR THE WEDDING DAY

ADVICE FOR A HAPPY MARRIAGE

GUEST NAME

ADVICE FOR THE WEDDING DAY

ADVICE FOR A HAPPY MARRIAGE

GUEST NAME

_____

ADVICE FOR THE WEDDING DAY   ADVICE FOR A HAPPY MARRIAGE

_____   _____
_____   _____
_____   _____
_____   _____
_____   _____
_____   _____
_____   _____

GUEST NAME

_____

ADVICE FOR THE WEDDING DAY   ADVICE FOR A HAPPY MARRIAGE

_____   _____
_____   _____
_____   _____
_____   _____
_____   _____
_____   _____
_____   _____

GIFT TRACKER

GIFT	GIVEN BY

GIFT TRACKER

GIFT	GIVEN BY

GIFT TRACKER

GIFT	GIVEN BY

Made in the USA
Las Vegas, NV
11 March 2025